양들의 링

시현실
시인선
0 2 0

양들의 링

반혜지 시집

도서출판
예맥

시인의 말

시의 길은

마음의 길이고

도의 길과 맞닿아 있었다

나를 찾아 나선 길에서 만난

또 다른 나를 토닥여준다

상처가 꽃이 될 때

시의 선율은

감탄사의 절정을 내게 안겨 주었다

| 차례 |

제2부

제3부

제4부

제1부

양들의 링

우기가 되면 어린양들은 더 크게 울었습니다
엄마 양이 들판에서 울었던 그 모습입니다
눈물 마른 들판으로 습한 바람이 불어오면
새끼 양들은 자신의 상처를 핥듯
서로를 핥아주며 체온을 덥힙니다
생존을 터득한 어린양들은 그렇게 들판에서 커 갑니다
건기와 우기를 거치는 동안 여린 다리에는
근육이 자라나기 시작합니다
사방이 온통 경계의 눈빛으로 번뜩이고
어린양들의 호기심 세상이었던 들판은
살아남아야 하는 굴레가 되었습니다
우기가 돌아와도 울지 못하는 양들은
자신의 상처를 스스로 핥으며 근육을 키워갑니다
이리가 들끓는 들판은 언제나
심판관 없는 링처럼 무법입니다
링 위에서 일어서는 두 다리의 힘은
양들이 살아갈 방패입니다

강촌 연가

비안개 내려앉는다
북한강 물줄기 하늘로 솟는다
젊은 날 숨결이 오래도록 머물던 곳
그곳에 내가 내려앉는다
화석 발자국처럼 저 멀리 서 있는
이끼 낀 석문에 지워지지 않는 이야기
숨소리를 가둬 버린 공포의 흔적이다
논개처럼 몸을 던져 떠나간 친구의 기타 소리
빗물을 타고 흘러간다
성근 갈대밭같이 속이 훤히 보이는 강물 속에는
비밀을 눌러놓은 돌들이 서로의 어깨를 누르고 있다
나 오늘, 그 강가에서
비안개 내리는 강둑에 앉아
이름 없는 감독이 되어 무성영화의 필름을 돌리고 있다

울음소리 깊다

갓 태어난 새끼고양이 집 주변을 맴돌며
목이 쉬도록 울고 있다
그 울음소리에 마음이 창가에 머문다
새끼고양이를 물끄러미 훔쳐보다가
스팸 한 조각을 던져준다
울음이 멈춘 그 자리에 가을 햇살이 구슬처럼 구른다
며칠 전 뉴스에서 본
주차장에 버려진 신생아의 울음소리가
어미 잃은 고양이 울음소리로 겹친다
그 울음소리 저 끝에
돌을 던지고 가는 사람들
그 누구인가

어미 새

세발까마귀
어미 새 내려다본다

공포로 축 처진 깃털
외줄 위에서 떨고 있는 발목
먹이를 입에 문 새
날개 푸르르 떤다

부리 속 먹이는 탈출을 시도한다
먹고 먹히는 야생의 굴레 속에서
새끼를 기다리는 모정의 긴 기다림

외줄에서 먼 산 바라보며
말이 없는 어미 새

하늘길 구름 사이로
빛기둥 하나 높이 솟는다

다른 한 짝

혼자 밥을 먹는 사람,
혼자 잠을 자는 사람,
혼자 걸어가는 사람,

햇살이 버리고 간 그림자 뒤에
달팽이처럼 웅크리고 있는 사람,

그는 늘 혼자다
그가 신었던 끈 떨어진
슬리퍼도 혼자다
슬리퍼 위로 눕는 마른 몸, 마른 바람
마른하늘이 갈잎으로 운다

그의 신발 발자국처럼 일렁이는 등 뒤에서
상처가 흔들린다
햇살도 그늘진 땅에서 그의 등 뒤에 머물고
늦가을 풀잎으로 떨고 있는 그의 발등에
바람처럼 날아온 구두 한 짝

그의 상처 난 발은 날개 단 꽃잎처럼
루카 511* 잔디밭을 날고 있다

* 강남 소재 카페

그네 위의 그림자

남산초등학교 방과 후 동화구연 수업시간
한 달이 지난 지금도
말 한마디 안 하고 눈도 못 맞추는 아이
훗날 영화배우가 될 만큼 인물이 훤한
아이의 침묵
무슨 일이 있는 걸까
침묵의 이유가 궁금해진다
황소 같은 눈망울이 전하는 말은 무엇일까
마스크 속에서 우물거리는
그 단어는 뭘까
자꾸만 그 아이에게 마음이 간다

창문 너머 운동장에 걸려 있는
빈 그네가 흔들린다
문득 지난날 그 자리에
홀로 그네에 앉아 있던 한 아이에게
마음이 머문다
재잘거리는 친구들과 어울리지 못한 채
어미 잃은 새처럼 고개 떨구고 있던 하얀 목덜미
엄마 잃은 그 영혼의 울음소리가
그네 위에 앉아 있다
두 아이의 모습이 오버랩 되는

교실 안 침묵과 바깥 그네의 침묵

창문 모서리에 깃든 그림자를 따라
자꾸 어두워지는 아이의 얼굴

새 한 마리

창문 안으로 들어온 새 한 마리
밤새 유리창에 부딪혀
깃털 수북이 쌓이고
닫힌 병 속에서 점프하는 벼룩
수천 번 부딪히며 탈출을 시도하지만

뚜껑 열어두어도 길을 찾지 못하는 날개들
골방에서 고독사하는 새 같은 사람들
병 속에서 들숨 날숨으로 뛰는 벼룩 같은 사람들

길든다는 것은
서서히 스며드는 것

애기섬*

피바람이 분다
파도가 출렁거린다
애기섬 저 하구에 잠든 영혼들
파도처럼 일렁이는 영혼들의 울음소리
바람으로 운다
칠십 년 전
좌우 이념으로 총, 칼에 무참히 찢겨나간
피로 얼룩진 육신들, 그 육신들의 피바람
애기섬에서 떠돈다
부모를 잃고 죄인의 핏줄로 낙인찍혀
혈맥의 뿌리마저 붉은 사슬로 붉은 울음 토하며
파도처럼 울고 있는 애기섬
파뿌리가 다 된 그 아비의 아들들
파도가 긴 울음소리로 울기 시작하면
빈 유골함을 안고 섬으로 달려가는 아들
유골함에는 언제나 바람의 소리만 가득할 뿐
아비는 없다
그 어느 하늘 아래도

* 1948 여순사건 섬

새끼손가락

오십 년 전 12월
오빠가 군대 가던 날, 그날
그 주 토요일에 책가방을 사 오겠다며
오빠 애인은 내게 손가락을 걸고 갔다
택시를 타고 오겠다던 골목에는 망부석이 된 채
노을을 등진 긴 그림자 하나
세월을 잊고 있다
한 장 남은 달력 같은 12월의 첫사랑은
기억의 저편에서 울고
웃을 때 하얀 치아가 눈부시던 그녀
지지미 나팔바지가 유난히 어울리던 긴 겨울의 그녀,
그리움을 숙제로 남기고 떠난 그녀
웃자란 풀꽃처럼 멈춰버린 내 새끼손가락은
12월 겨울이 되면
기억창고의 빗장이 풀려 생인손을 앓듯
하얀 눈길을 밟고 그녀가 찾아온다

터널에 갇히다

동굴이다
출구가 보이지 않는다
무리에서 오지로 끌려간 도시의 원앙새
습지에서 파르르 떤다
하늘을 내 집처럼 가르며 길을 내던
황금빛 기름진 날개는
바이러스에 젖어 눈물이 되고
부리는 기능을 잃고 뭉툭하다

체온이 오르기 시작하면
짧고 가파른 들숨의 시간은 불안으로 밀려오고
채 가시지 않은 콘크리트 냄새는
이중고의 바이러스처럼 숨통을 조이고
39도 고열은 물수건만이 생명인 듯이
젖은 눈동자가 흔들린다

공포다, 오르막의 공포

내선전화로 숨소리온도를 질문하는
창문 밖의 데시벨 낮은 목소리
단답형으로 가느다란 안부를 묻는다

터널의 끝은 어디일까?
터널의 끝은 있는 것일까?

젖은 날개 한 쌍이 창틀에 갇혀
그 출구 아득하다

일곱 밤의 망부석

하루해가 질 때까지
사람 그림자를 기다리는
눈동자를 바라본다

오늘도 저 멀리 산 능선을 넘어가며
마른 풀의 긴 호흡을 채근하는 해는
하루의 등을 밀어내고
눈물의 내력을 소환한다
기다림 뒤의 또 다른 이름 그, 행성
경계의 저편에 서 있는 당신은
시간을 지우듯, 기억을 지워내듯
기다려도 오지 않는다

막새바람 불던 날
일곱 밤을 약속하던 새끼손가락은
마디마디 검게 타 버리고

내일도
사람 그림자를 기다리는 눈동자엔
고랑이 깊어만 간다

강촌 이야기

황금빛 들판 햇살을 안은 채
메밀 알갱이 길게 누워있는 강촌

마을을 지키고 있는 장승의 눈썹에서
희망이 묻어나는 강마을

새가 날아드는 솟대 위에서
삼매경에 빠져 있는 강물의 숨결

강물을 물살로 품어 안은
물레방앗간 비밀 같은 호수

원두막 노란 벤치에
동화 같은 아이들의 물방울 노래

아, 강촌
살어리, 살어리랏다
나비 날개 같은 꽃밭 물결
무릉도원에 살어리랏다

휘어진 산

노모가 유모차를 끌고 간다
유모차엔 아기가 없다
빈 젖 물고 허기져 울던 그

그는 어느새
어머니 새우등 같은 나이가 되어
먼 산 보듯 빈 유모차 바라본다
텅 빈 유모차 걸어간다

아기 재우던 엄마의 자장가 소리
빈 수레다

노을은 저물어 굽어진 산을 넘어가고
지구를 굴리듯 빈 수레바퀴
귓바퀴를 돌린다

노모의 유모차 저만큼 산등성을 넘어간다

퍼즐 조각

흐르다 멈춘 구름 한 조각
잃어버린 퍼즐 같다

빛바랜 벽지 위에
수채화 물감을 덧칠하고 포장해도
낮달처럼 살아나 붉은 심장이 된다

아득한 우주에서 유성으로 만날 퍼즐 한 조각
미완성 그림으로 구름처럼 떠돈다

달고나, 한 닢

길가에 동전 한 닢이 뒹군다
누군가의 주머니를 뚫고 나온 동전
뾰족한 슬픔처럼 떨어져 있다

문득
어린 날
부잣집 친구의 굴렁쇠 웃음소리
가슴을 뚫고 들어온다
내 주머니 속 십 원짜리 동전은
부끄러워 발갛게 달아올랐다
어젯밤 엄마 눈을 속이고
돼지 저금통에 넣지 않았던 동전
그 동전 '달고나' 속으로 녹아 들어간다
'달고나'는 별 모양, 달 모양, 해 모양으로
내 입으로 살살 녹아 들어간다

오후가 되면 내 심장은 콩알만 하게 되고
엄마 목소리는 천둥소리가 된다

어리던 날 군침 돌게 하던 동전 한 닢이
자꾸 목구멍으로 넘어온다
별 모양, 달 모양, 해 모양, 우산 모양으로 넘어온다

노랗게 가슴 졸이던 '달고나' 그 한 닢
지금 지구촌을 뜨겁게 달군다

달팽이

골방에 쪼그리고 앉아 밤새
초침 소리에 갇혀 있는 더듬이
상현달을 밀어내는 저 어둠의 날개, 어둠의 깃털
밤을 낮 삼아 울던, 풀섶에 매달린 이슬 같은 영혼
동굴에 갇혀 덫에 걸린 낮달
살아있는 시간은 오래전 타인의 몫이 된 듯
바람 앞에 서 있는 촛불 같다

등짐처럼 매달려 있는 수식어를 닮은 호칭
얽힌 매듭은 질긴 인연을 떨쳐낸다
호명하듯 하나, 둘씩 끈이 잘려나간다

덫에 걸린 짐승이 상처를 핥듯

갑옷 같은 한 생의 무게를 지고
집 한 채 허공에 짓는다

덫

그가 지나갈 때

덫은 숨죽인다
죽음의 광기는 지켜보고 있다

그의 발목이 사슬에 걸려
제 몸 자르고 달아났다
생사의 경계에서
무명천처럼 찢긴 채 남은 발목

죽음이 남기고 간 그 밤의
아우성만 남았다

동문서답

간호사가 묻는다
할머니 오늘 무슨 요일이에요?
_ 몰라 무슨 요일인지
할머니 지금 계절이 여름이에요? 겨울이에요?
_ 가을인가?
저 따라 해보세요
백문이불여일견
_ 뭐? 배문이 붙었다고?
할머니 종이 반 접어서 제게 주세요
_ 반 접어서?

검사실 안에서 들려오는 대화에
로비에 앉아 있던 사람들의 얼굴이
창밖 가을 잎사귀처럼 흔들리는데
나는 왜 이유 없는 눈물이 자꾸 흐르는 것일까
문득 먼 하늘로 가신 그림자 하나
내 눈물 속에 어린다

제2부

여승

신들이 움직이는 시간이다

신들의 발자국으로 다져진 길 위의 길
그 발자취를 따라 도는 또 하나의 발자국
발자국 위로 떨어지는 눈물의 기도는 녹슨 참회다

신의 부름일까?
신의 선택일까?

보리수나무 허름한 절터에서 만난 그녀는 이미 언니라고 부르기에는 외경한 스님이 되어 있었다 그녀를 만나면 눈물이 쏟아질 것 같아 울지 않으리라 몇 날을 굳게 다짐하며 울컥한 마음을 헛기침으로 봉인했다 그녀의 삭발한 머리, 승복 입은 모습, 속눈썹 끝에 매달려 있는 눈물방울을 보는 순간, 강둑이 터지듯 내 눈물보가 터져버렸다

왜 그랬냐고? 묻기도 전에 "언니는 괜찮으니까 울지 말라"고 등을 다독이는 그 손길이 멀기만 했다 나는 꺼이꺼이 울며 땅바닥에 주저앉았다

가난하던 시절 맏딸로 태어나 교복 한 벌조차 새것으로 입어보지 못하고 남의 것을 얻어 입으며 졸업한 언니, 그런 언니가 측은해 유독 맏딸에게 애정을 쏟았던 엄마, 하늘에

계신 엄마는 비구니가 된 딸을 어떻게 내려다보실까?

겨울 초입으로 들어선 선사는 내 아픈 마음처럼 낙엽이 지고 있었다

나는 거칠어진 언니의 손을 꼭 잡고 경내를 돌며 아무 말도 하지 않았다

행자승의 고단한 일상을 안 봐도 알 수 있는 손은 이미 다 터져 있었고

이따금 숨을 몰아쉬는 숨결에서 절 생활이 녹록지 않음을 짐작할 수 있었다

지상의 주재자가 걸어가신 길,
그 길을 걸으며 가는 눈물의 발자국
녹슨 쇠사슬 같은 업보의 흔적을
언니는 하나씩 씻어낼 것이다

잠들지 못하는 이 밤
나는 절의 풍경소리 같은 긴 그리움을 담아
언니의 산사에 음성공양을 올린다

음성 공양

새벽 독경 소리 하늘에 닿는다
신들의 발자국 소리다
밤새 분주하던 산짐승도 예불 소리에 귀 열고
하늘에 닿을 듯한 나지막한 음성
신의 암호 풀어내며 새벽하늘을 연다

모래알도 자갈밭처럼 느껴졌을 그 고행의 길
골 깊은 산길에서
등 짐 지고 걸어가던 그녀의 가녀린 어깨
일주문을 지키는 신장처럼 단단해져 간다

소신공양하는 고독한 길
지상의 주재자가 걸어간 그 발자국 따라
그녀의 새벽 공양은 오늘도 귀를 연다

목탁 그루브

둡칫둡칫 움직이는 어깨
발목을 까닥까딱 흔든다
빠르게 때론 느리게
속도 조절한다
시선 강탈이다
구르브에 흥이 오른다
바라밀을 매끄럽게 굴리는
목탁의 선율
해탈이다
미소를 머금은 눈가에
자비의 시간 머문다
버선코에 매달려 있는
번뇌의 찌꺼기
곡선으로 흐른다
늘어진 장삼 끝자락
빠르게 벗어나는 속세
극락이다

아미타불

어둠에 싸인 마불을 깨운다
아미타불 음성에 귀를 세운다
하늘에 닿을 듯 곧추세운 마불의 얼굴
바위산 절벽에 자리 잡은 암자를 닮았다

내 안에 부처 한 불 머무는 곳
불상이면 불상으로
절벽이면 절벽으로
연꽃은 마음에서 피는 것

아미타불의 구원불이 환하게 불 켜 든
내 마음의 새벽이다

무소유

시의 뮤즈를 따라
밤새 허공을 헤매며
카오스의 시를 쓴다는 어느 무명시인

병든 그녀에게 남은 건
낡은 침대와 먼지 뽀얀
머리맡 작은 경대뿐

하얀 현기증으로 눈뜨는 아침
천장에 써 내려간 느낌표는
시간의 발자국

쎄믈리에

너를 바라보고 있어
네가 어떤 사람인가를
그리고 가끔은 씨익 웃으며 훑어보지
툭 한번 던져주는 칭찬에 웃는 모습이 어쩜 그리 어색해
내성적이거나 소심한 애들은 눈을 피하지
때론 감별된다는 걸 알아차릴 땐
착한 척 내숭을 떨기도 하지
진짜 강한 상대가 나타나면 참 볼 만 해
천적을 만날 때 볼 수 있는 장면이 연출되는데
누군가 한 사람은 슬그머니 꼬리를 내리지
동물의 세계는 이미 눈빛으로 기를 감지하니까
눈치 없이 이기려고 맞짱이라도 뜨면
물려서 해체되거나 먹이로 흔적도 없이 사라져버리지
서로가 서로를 감별하는 건 나쁜 게 없어
자기를 보호하는 방법이기도 하니까
누가 쎄믈리에로 선점하느냐 그 차이지
나는 오늘도 너를 바라보고 있어
네가 나를 훔쳐보듯이

툇마루

햇살 가득한 댓돌 위에
신발 한 켤레 가만히 누워 있다
그린 듯 졸고 있는 창호지 너머 꽃 그림자
정오를 알리는 둔탁한 소리에 화들짝 고개를 든다

가마솥에서 피어오르는 숭늉 끓이는 냄새는
헐거워진 배를 두드리는데
문득 어머니가 끓여주시던 청국장 냄새
아득히 코끝에 스민다

초가집 지붕 위에서 졸고 있던 햇살이
처마 끝에 매달려있는 시래기를 노랗게 물들이고

어머니의 생을 따라 돌고 있던 물레는
고된 세월을 잊은 채 툇마루를 지키듯
고단한 한 생의 눈을 감은 채 잠들어 있다

갈대

갈대는
강바람을 안고 산다
비바람과 눈보라 속에서도
속살 같은 연약한 모습을 보이지 않는다

홀로 달밤에도 귀를 열고 서 있는 갈대를 향해
빗장을 열어 녹슨 마음을 헹구어 내며
화인처럼 굳은 비밀의 강물 소리를
혼자만의 방식으로 삶의 옹이를 녹여낸다

소리 내어 울고 싶은 사람들의 소리들
강 하구에 잠들어 있는 영혼들의 눈물방울 같은 비밀을
갈대는 말없이 큰 귀를 열고 듣는다

비를 맞으며
외로움을 털어내며
큰 강물 소리를 듣는다

카페, 그냥

어디서 왔느냐고

어디로 가느냐고

해님, 달님이 묻네요

마음 닿는 곳에

발걸음 멈추는 것이라고

바람이 귀엣말로 속삭이네요

결

여름 원피스 겨드랑이에
구멍이 났다
한땀 한땀 바늘로 꿰매 입었다
어깨를 크게 움직이니 전보다 더 크게
구멍이 난다
원피스 몸통을 찢기 시작한다
이후 마음을 두지 않으려고

찢겨나가는 원피스가 소리친다
강했던 손목 스냅이 멈춘다
그동안 몰랐던 곱디고왔던 마麻의 결이
살아 움직이고 있었다
예뻐서 때론 시원해서
좋아하며 입었던 애착 원피스
안으로 안으로는
내 몸과 마음을 부드러운 결로
감싸고 있었던 것이었다
이제 알겠다
언제나
그것과 친했던 것은
결이 고운 마음이 머물렀기 때문이다

경계를 허무는 일

연두색 철조망 울타리가 걷히던 날
울타리는 경계가 아닌 마음의 빗장이었다는 걸 알았다
울타리 허무는 일은
마음의 빗장을 여는 일이다
울타리 옆길로 오랜 날들을 걸었지만
철조망은 그저 안이 훤히 보이는 벽일 뿐
그 안에서 일어나는 일은 내 시선 밖이었다
그곳은 정글이었다
낮에는 고양이가 숨어들었고 밤이면 고라니와 멧돼지가
지상의 왕자인 듯 자기들의 영역을 키워 나갔다
울타리 끝 복숭아나무는 그 자리 터줏대감이다
철조망이 걷히고
정글의 모습이 바둑판 모양으로 바뀌는 동안
눈으로 들어오지 않던 꽃핀 나무들이
한순간 마음으로 들어왔다
얼마 만에 느껴보는 설레임인가
어린아이처럼 가슴이 쿵쾅 뛰기 시작했다
경계를 허문다는 것은
마음의 빗장을 여는 일이다
삐걱 소리 나는 마음속 문을 활짝 젖히니
그곳에 내가 있었다
안과 밖이 훤히 보이는 마음의 문이

인연

누구의 경전이었던가

부모 자식 사이는 빚쟁이 관계라고

부모가 채무자가 되고

자식이 자라서 다시 채무자가 되는

거부할 수 없는 선순환의 굴레

맨발로 얼음 위를 걷듯

마음 데일까 잠 못 이루는 까만 밤

채무자 신호등은

멈추지 않는 점멸등

광안리의 아침

새벽 바다가 도시를 스캔한다

숨죽인 듯 고요하다

못다 한 언어들을 삼킨 바다

텅 빈 하늘에

바다가 눈 뜨고 일어나는 아침

오랜 기다림의 해후였다

구조조정

물고기 한 마리 팔딱거린다
도시인을 닮았다
아가미에 갇힌 물고기의 숨결
종이 테이핑처럼 파르르 밀려 들어가고
나오기를 반복한다
조각난 생각들이 수시로 블랙홀을 넘나들고
구조조정에 호명되는 밥줄은
분쇄기에 잘려나간다
시소 위에 앉아 있는 깃털 같은 영혼들
간이의자에 앉아 있는 도시 셀러리맨의 얼굴은
낮달처럼 붉다
과장님 부장님 팀장님…
치킨집 체인점 기웃거리고
한껏 올라간 기름 온도는 닭 대신 명함을 먼저 튀겨 낸다
도시 속에서 밀려 나오는 도시인의 하루
깜빡이는 불꽃이다
굴절된 빛의 속도에 도시인의 그림자가 흔들거린다

꽃의 자존심

사포의 등처럼 까칠해진 잠
베개 속에서 넝쿨나무를 키운다

장미와 가시가 불가분의 관계이듯
불면과 기와집은 한 몸이다

주파수를 맞춰 하늘로 신호를 보내고
부엉이의 눈으로 시곗바늘을 가두고

수취인 불명이다

그렇구나
그랬구나
떨어져 나가야 하는
자존심의 꽃이
아직도 남은 것이다

무지개

여우비 내리는 날

무지개로 손짓하는 그대를 보았네

무딘 마음 화들짝 놀라 귀 먼저 여니

그대 목소리 아득히 멀기만 하네

깊은 독

텅 빈 유모차를 끌던 노모,
그 노모의 큰아들이 세상을 떠났다
검은 그림자 흔들린다
노모의 긴 한숨 소리
깊은 독을 눈물로 채우는 소리다
아들이 넘어간 산등성을 바라보는 노모
넋을 잃은 독이 된다
돌비석이 된다

제 3 부

수목장

팔봉이 훤히 보이는 햇살이 누워 있는 산
아름드리 소나무는 아버지 집 뜨락에
덩그러니 서 있다

한 움큼밖에 안 되는 성신을 지지대로 깔고
담배 한 모금 길게 뿜어내시며
막내딸이 언제 오려나 기다리고 계신다

생전에도 그러셨듯이 훠이훠이 바람과 함께
이 산 저 산을 나비처럼 날아다니실 아버지
나비는 꽃향기를 따라 귀에 익은
슬픈 퉁소를 불기 시작한다

내 귓바퀴를 울리는 그 소리에 어린 날 내가 울었듯이
산속의 새들도 나뭇잎에 얼굴을 묻고 운다

아버지의 집, 그 집
아름드리 소나무에는
1930년생, 반용복
2011년, 십이월오일 사망이란 팻말이
바람에 귀를 세우고 울고 있다

젊은 초상화

오늘은 아버지 제삿날이다
계절이 여덟 번 흘러가고 흘러왔지만
명절 때나 기일에만 찾아오시는 아버지
지금 내 나이보다 더 젊은 날
먼 산 바라보듯 무심한 낡은 사진틀 속의 그 얼굴
오빠 어린 날 아버지가 아기 품어 안아주셨듯이
오늘은 그 오빠가 아버지의 초상화를 안는다
아버지와 아들의 첫 만남처럼
오빠의 목덜미가 붉게 들썩인다
젊은 날 아버지는 식솔들의 고삐가 되어
허름한 선술집에서도 막걸리 한 잔 고기 한칼
머뭇거리셨을 그늘진 그 뒷모습
나는 제사상 고기 접시에 젓가락을 놓으며
목멘 소리로 많이 드세요! 중얼거린다
심장을 뚫고 올라오는 눈물을 올린다
소리 없는 소리의 심장을 올린다
눈이 푹푹 내리는 이 겨울밤
팔봉산 골짜기를 돌고 돌아
가뭇없이 아들 집에 찾아오신 아버지
아들, 딸이 올린 술잔에 목이 메이시는지
사진 속 얼굴에 눈물 어린다
가물거리는 촛불에 아버지 그림자 겹친다

빨간 자전거

폐자전거 한 대를 얻어 왔다
빨간색으로 칠하고 보니
집배원이 된 듯하다
등가죽 같은 바퀴에 바람을 채우고
구부러지고 잘려나간 바큇살을 세운다

문득
심폐소생술로 갈비뼈가 다 부서진
아버지의 임종 전 모습이 생각나
갈잎처럼 울고 있는 나

바람이 지나가고 나면
갈대숲은 소리를 남기지 않듯
아버지는 아무 흔적도 없이 가셨다.
현충원 안장도 마다하신 아버지
생전에 자전거가 유일한 친구였던 아버지는
요즘 무얼 타고 다니실까?
암벽 그림자로 울고 계실까?

하루의 노동을 마치고 집으로 오실 때의 낮은 언덕길에는
어린 손가락이 아버지의 자전거를 늘 기다리고 있었다
뒤를 밀며 언덕을 오를 때면

지친 얼굴에 보름달 같은 미소를 지으시던 아버지

오늘 어디를 가시려는지
빨간 자전거 위에서 아버지의 긴 그림자가
페달을 밟고 계신다

바람결에 잠시 앉았다 가는

길을 걷는다
얼굴 내밀고 있는 길모퉁이 강아지풀
내 발목에 살포시 기대어 온다
흔들리는 꽃잎 위에는
꿀 따 먹는 작은 꿀벌도
길 잃은 노랑나비도
바람결에 잠시 앉았다 간다

누군가 사뿐히 밟고 지나간
상처의 끝자락도 보인다
아버지의 자전거 바퀴 소리 굴러간다
쭉정이만 남아 널브러져 있는 빈껍데기들
앙상한 아버지 등가죽이다

하늘을 본다

가을 햇살이 폭죽처럼 내 어깨에
울긋불긋 수를 놓는다
그 순간, 세상에서 가장 유유한 구름의 발걸음
오던 길 뒤 돌아본다

이름 없는 풀꽃들

내 발목을 감고 돌던 수많은 사연들
제 몸 불태워 한껏 뽐내는 단풍잎들
가을을 흔들고 있다
흔들리는 꽃가지 위에서 나비가 춤을 추듯
저 하늘 푸른 물방울 뚝뚝 듣는 가을 벌판
유리알 같은 거울 속에서
나는 내 얼굴을 찾아 나선다

마침표를 찍었던 내 언어

모두가 아버지를 호랑이라고 말했다
호랑이해에 태어난 아버지는
어느 해 겨울 허물만 남기고 떠나셨다

아버지는 미장공이었다
수학 공식보다 더 정확해야 한다는 시멘트 비율 만큼
아버지의 손끝은 저울이었다
스텐 칼날이 지나가는 공사장에는
아버지 이름이 마음의 길을 내었다

굳어가는 시멘트보다 더 빠르게
아버지의 허리도 굳어가기 시작했다
어머니를 부르는 신음소리 같은 목소리가
점점 절규로 들려왔다
평생 노동으로 닳아서 그런 것이라고
입바른 소리를 내뱉었던 내 입술,
치료 방법이 없는 듯 마침표를 찍었던 내 언어

지금은 언어의 껍질만 남은 입술로
눈 시린 유리창마다 그리움의 이름을 쓰고 있다
마른 입술 위로 뚝뚝 듣는 눈물
가을 잎새가 아버지의 등이 휜 거풀 같아서
자꾸 눈물이 난다

훈장, 내 아버지의 화랑무공훈장

살아생전
현충원 안 가신다고
소나무 아래 수목장을 원하셨던
6.25 참전용사 화랑무공훈장 받은 아버지

친구 아버지 검지 없어 상이용사 연금 받고
그의 자식들 줄줄이 은행에 취직될 때
내 아버지 탄피 지나간 허리 상처 끌어안고
밤새 퉁소 불며 한을 삭이셨네

아랫집 친구 아버지 양복 입고 출근할 때
공사장 막노동으로 식솔 꾸리신 내 아버지

자결하시려 손가락 자르시던 날
치솟은 한의 피, 하늘의 불기둥 되고
유서 같은 그 한의 피
살아있는 영웅의 눈에서 피눈물로 흘렀네

웃음 잃으신 지 오-랜 세월
무주공산에 깃발 꽂듯 넘쳐나는 국가유공자 명단에
수십 년 동안 흰 백지로 남아 있는 빈칸
보훈청사 현관문을 수천 번 노크했을 앙상한 손 마디마디

실망으로 돌아서는 노병의 휘청이는 발걸음은
삶의 미련을 언제나 거둔 채 돌아오셨으리라

영정 사진 모시던 날
회색 양복 가슴에 주렁주렁 달린
화랑무공훈장의 증표들

죽어도 한이 없다던 아버지는
오십 년, 그 오십 년 길 위에 새 훈장 새기듯
국가유공자가 되셨다

비 오는 날

비만 오면 우울해져요
축축한 심장이 보내는 신호인가 봐요
누군가
마시멜로를 입에 밀어 넣었나 봐요
혀를 살짝 터치한 달콤함이 밀려 내려가는 듯해요

몇 해 전 죽었다 다시 살아난 앵두나무와
비밀을 캐는 밀당도 시들해진 오늘은
종일 비가 내려요, 울고 싶은 날 단 것이 당기듯이
멈췄던 대화가 비밀을 캐듯이 비가 내려요

처마 끝에 빗물 받아 둔 플라스틱 양동이에
시선이 멈췄어요.
어린 날 빗물 받쳐 둔 항아리를 깨뜨렸던
그 날의 악몽 항아리
독이 한껏 오른 회초리와 함께
동네를 세 바퀴 돌았던 심장이
다시 살아나 뛰고 있어요

비가 오는 날이면
어린 날 눈물로 축축했던 심장의 세포 속에는
항아리의 내력을 기억하듯

갈증처럼 어른거리는 마시멜로 속에서
자꾸 어머니가 살아나요

멈춘 시계

분침 초침이 날 끌고 간다
눈이 이동한다
생각이 문지방에 걸린다
나는 멈춘다

흔들리며 꽃 피우던 운동화도
고단함을 내려놓고 멈춰 있다
길었던 곡성 멈추기 시작한다

문상객들 엉거주춤 서 있다
상제도 없는 조카 영정 앞에는
평소 그가 좋아하던 목 비틀린 통닭 한 마리
상주 노릇 하느라 분주하다
길고 긴 내 울음소리
상자 안에서 회오리친다

마지막 시간을 재촉한 듯
분침과 초침이 바쁘다

제 몸 태우는 다비식 앞에서
숨통을 막는 통곡 소리
얼음 빙벽 같은 가슴을 뚫고 나간다

생각이 문지방을 넘어간다
화구가 닫힌다
걸어 나가는 분침과 초침
발자국이 없다

발인

지상을 떠나는 그녀의 마지막 말
매장埋葬을 해 달라는 관이 마당 한가운데 놓여 있다
창문 너머로 늘 바라보던 그 동산에 그녀는 묻히게 된다
언 땅을 파서 흙을 고르는 동안
관 속에서 제 몸이 잠들 곳을 기다리는 그녀
살아 있는 동안 얼마나 많은 날을 상상했을까
그 상상이 현실이 된 오늘
관을 안고 통곡하는 자식들 울음소리
빙벽 같은 가슴을 뚫고 나간다
먼 훗날 저들과 똑같이 울고 있을 내 자식들의 모습이
필름처럼 펼쳐지며 뼈 아픈 슬픔이 더해진다
흙에서 와 흙으로 돌아간다는 하늘의 진리
이름 없는 들꽃처럼 사라져 간다
산 그림자도 그녀의 관 속으로 내려와
소리 없이 울고 있다

바닷가에서

바다를 보면서 엄마를 생각한다
오십을 채 넘기지 못하고 떠난 엄마
살고 싶다고 살려달라고 애원했듯이
겨울 바다가 내 심장을 파고든다

엄마, 엄마 중얼거리는 내 숨소리가
파도에 밀려간다
엄마를 부를 때면 왜? 하시던
생전, 그 의문 부호도 들리지 않는다
내 귓전엔 파도 소리만 철썩거리고

눈물로 번져오는 파고 사이로
부챗살 같은 엄마의 얼굴
까만 갈매기 떼로 부서져 내린다

빛의 속도

빛의 속도가 꺾인다
꺾인 속도 위에서 몸과 혼이 경계를 이룬다
경계는 비명이다
아래로 축 처진 입꼬리, 붉은 눈동자는 먼지를 혐오한다
아무도 그녀의 썰물이 너무 멀리 나갔음을 알지 못한다
핏줄 하나로 살아온 오십 사 년의 生
그녀에게 남은 삼 개월 시한부 선고

얼음 위에 금방, 숨 끊어진 한 마리 생선 같은
안 돼!
안 돼!

붉은피톨이 점점 더듬이가 되어 간다
하늘과 땅의 경계 빨라진다
낮게 낮게 깔리는 어둠 속 초침 소리,
뒤꿈치가 반쯤 벗겨진 회색 양말,
밤마다 들려오는 심장 토하는 소리
절규다
단말마 같은 마지막 생의 절규

큰 애야, 큰 애야
아들 등에 기대어 남편보다 더 뜨겁게 부르던

간헐적인 목소리
성대와 울대 사이에 차곡히 쌓이던 눈물
사위어 가는 그녀는 짐승으로 운다

추수를 끝낸 허허로운 밭이랑처럼
곡기를 끊은 그녀가 스스로를 풍장하고 있다

나무 타는 냄새는 나를 울린다

노을이 질 때면 울고 싶다
어린 날 낮잠 자다 일어나
엄마의 텅 빈 자리가 우물처럼 깊어
소리치며 울었던 그때의 기억이 오늘 다시 소환된다

나무를 태울 때면 그 냄새에 젖어
저녁이면 아궁이 앞에 쪼그리고 앉아
밥을 지으시던 어머니의 냄새가 그리워
들숨 날숨으로 연기를 훅훅 마신다

안방과 부엌이 연결되는 쪽문에서
엄마~ 한 마디만 불러도
미처 대답을 주지 않는 엄마의 뒷모습만으로도
아궁이 숯불처럼 따뜻했던 사랑은
끈끈한 둥지처럼 애틋하기만 했다

나무 타는 냄새를 쫓아
목청 돋우어 불러 봐도
등대 같던 어머니는 만나지 못한다
연기 속 눈물만 나를 울릴 뿐
그곳에는 아무도 없다

서성거리다

그대가 없는 저녁 시간이
허기진 배처럼 헐겁다
현관문을 열고 들어오며
늘 이름을 부르던 그 목소리
이제는 들리지 않는다
아무도 없다

그대가 머물던 그 자리
불 꺼진 창문을 바라보며
시린 가슴으로 서성이는 내 발걸음

가지 말라고 말할걸
더 있으라고 붙잡을걸
울면서 후회한다

이럴 줄 알았는데
아파할 줄 알았는데

네가 떠나던 그 날
난 너를 그렇게 보냈다

손맛

고들빼기김치를 담그다가
생전 어머니가 김장하시던 모습이 떠올라
한참을 멍하니 앉아 있었다

겨울날
변변한 찬이 없던 아버지의 밥상 위에는
대가리만 뚝 자른 배추김치와 고들빼기가 전부였다
김이 모락모락 피어오르는 쌀밥을 가득 담은 아버지 수저에는
한번은 배추쌈이, 한번은 고들빼기가 번갈아 가며 올려졌다
"배추김치는 절대로 잘게 썰면 맛이 없어" 하시며
김치 하나만으로도 환한 미소를 지으시던 아버지
엄마 가시고 난 후 아버지 밥상에는
대가리만 뚝 자른 배추김치도
항아리에서 금방 꺼내온 고들빼기도 볼 수 없었다

엄지에서 소금 나오고 검지에서 설탕 나오던 엄마의 손맛
부족한 양념은 엄마 손맛으로 뚝딱 다 해결했는데
내 손가락에도 엄마의 유전자 칩이 있을까
골고루 다 넣어 버무린 고들빼기 뒷맛이
왠지 풀 맛만 날 것 같은 불길한 예감이다

계단묘지

그녀가 선산 묘지 맨 아래 계단에 누워 있다
어디를 가려는지 저리 오랫동안 쉬고 있는 것일까
어린 딸 등 뒤에 두고
어찌 이생의 발길 돌렸을까

숲속 새들의 울음소리 달라지듯 사계절은 지나가고
바람에 나뭇잎은 흔들리고
흔들리는 이파리 사이사이로 그녀는 누워 있다

그녀가 남긴 핏줄 하나
국화 한 다발 들고 햇살 따라 술 한 잔 부으며
그녀와 비밀을 나누려는 듯
가슴속 슬픈 응어리 풀어내려는 듯
숨죽여, 고개 숙여 얼굴 묻는다
흑~흑 바람이 지나간다

저물녘 산그늘 등 뒤에 두고
휘청휘청 산길을 내려서는
어린 탯줄의 긴 속울음 소리
저문 산 그림자 속에 묻힌다

산 새

들꽃을 한 아름 샀다
그녀에게 가려고

선산에 풀꽃처럼 누워 있는 그녀
내게 무슨 말을 하려는 듯
입술 같은 풀꽃들이 파르르 떤다

걱정 말아요
당신의 딸은 잘 지내고 있어요

산 새 울음소리가 봉분을 흔들며 간다

입술에 꽃물 들던 날 밤

그때였을까
초저녁잠이 많았던 어린 날
잠결에 요강에 올라앉아 있으면 한 번도 볼 수 없었던
엄마와 아버지의 다정한 목소리
일을 마치고 오신 아버지의 굳은 인상은
늘 어머니와 다툼으로 번질까 두근두근했고
말대꾸하는 엄마의 옆구리는 내게 꼬집혀
늘 거무스름하게 멍들어 있었다

그런 아버지의 다정했던 그 날 밤의 목소리
나는 의문부호 하나 남겨둔 채 어른이 되어 갔다
앞마당에 포도가 익기 시작하면 뒤란은 분주했다
포도를 몰래 따서 아무도 없는 뒤란으로 도망가
씨도 발리지 않고 순식간에 삼켜 버렸다
다음날도 또 다음날도 포도를 따서 치마폭에 감춘 채
뒤란으로 냅다 뛰었다
그런데 어느 날 엄마가 펄펄 끓는 안방에
솜이불을 덮고 누워 계셨다
그렇게 며칠을 누워 계시고 나면
땀범벅이 된 모습으로 일어나
피가 가득 담긴 요강을 들고
포도나무 옆 땅을 파기 시작 했다

내가 자다가 쉬 하던 그 요강이다
피가 가득 담긴 그 요강을 본 이후론
밤은 너무 길었고 내 쉬는 더욱 잦았다

포도가 발갛게 익어가는 여름이 오면
베인 상처로 남은 흉터처럼 떠오르던 그때의 붉은 기억
내가 그때 어머니 그 나이가 되어서야
요강 속의 비밀을 알게 되었다
솜이불을 덮고 하열을 하며
엄마 스스로가 낙태를 하고 계셨던 거다

그때였을까
어머니 입술에 꽃물 들던 날 밤이

태양의 알람

떠오르는 해의 미소를 전할 수 있다면
그의 잠을 흔들고 싶다

빛바랜 솔방울만 쌓인 대문 앞에는
금 간 문패만이 뒹굴고 있을 뿐
바람 소리 한 점 들리지 않는다

멀리 병풍을 펼친 듯한 팔봉八峯의 능선
계절 따라 훠이훠이 날아다니실 아버지
바람을 벗 삼아 마실 다니실
낡은 신발이 눈에 선하다

햇살이 누워 있는 아버지의 집
햇살 같은 기억들이
하나, 둘씩 나를 깨운다

텅 빈 목소리

꽃필 때
너는 죽어갔다
알 수 없는 병명의 긴 시간이 지나고
신음으로 고통을 말할 때

그때
너와 함께
숯처럼 검게 타 죽어가던 소나무

알고 있었을까, 그 천지의 어둠을
듣고 있었을까, 살고 싶다고 절규하던
텅 빈 너의 목소리를

신의 속마음 알 수 없다

손금의 열쇠

누군가가 내 운명을 점치고 있었어

바코드를 스캔하듯 그녀는 내 손금을 입으로 스캔했어
어디서 어깨너머로 주워들은 것일까
그녀의 어설픈 말은 운명의 열쇠인지 귀에 찰떡같이 붙었어
부부 선이 붙어있어야 백 년 해로 한다는데

그 철부지 어린 애는 어엿한 여자로 성장했어
한 남자를 만나 아기도 낳았어
삶이 꼬여 가며 어린 날 찰떡같이 귀에 붙은 말을
만지작거리며 곱씹기 시작했어
두 사람은 떨어져 있는 손금처럼 평행선 앞에 서게 되었어
그리고 오래도록 레일을 달려 갔어
손금이 가르쳐준 대로 우연은 점점 벌어졌어

양들이 커가며 수컷 양이 필요할 때가 생기기 시작했어
손금을 찌르기 시작했어
피가 흘러도 아프지 않았어
손이 덧나고 상처가 아물기를 반복해도
평행선은 좁혀지지 않았어
수컷 양들을 키우기 위해 점점 이리의 삶이 되어 갔어
마음의 창은 항상 벌겋게 물들어 있었어

잊고 살았던 손바닥을 어느 날 가만히 들여다 보았지
신대륙을 발견하듯
손금에 새로운 길이 만들어지고 있다는 걸 느꼈어
깊고 짙게 패였던 길옆으로
나지막한 작은 길이 생기고 있었어
그 길을 걷고 싶어졌지
손금 안에는 진짜 인생이 들어 있었어
새로운 길은 양들의 기둥이 될 것 같았지
작은 길 따라 손목까지 길게 뻗은 큰 산맥을
천천히 오래도록 걸어갈 산을 꿈꾸며
오늘도 큰 산맥을 오르고 있지
저 태산 같은 인생이라는 큰 봉우리를 향해

제 4 부

음소거音消去

만삭의 생각을 들여다보면
침샘을 자극하는 새콤달콤한 자두가 있어
혀 밑은 늘 축축하다
활자처럼 흩어진 자음과 모음은
단어로 맴돌다가 사라져 버리고
오랫동안 성대를 서성이던 묵은 비밀들은
아기 이빨 같은 끝소리 하나로 남아 있다

진공이다

머릿속에 길을 낸다
눈을 감는다
바리캉 기계음에 잘려나가는 생각의 꼬리들
숨구멍으로 뿜어 나오는 연기 같은 화기
헛기침으로 봉인된 속울음
나만의 암호 같은 내력이다

눈을 뜬다
거울 속에 동자승 하나 앉아 있다
무량수전에 내가 앉아 있다

과속 방지턱

과속 방지턱에 생각이 서 있다

화려하게 정지된 언어
야생마의 조련된 듯한 기술적 몸짓
유통기한 없는 기억들

밤이면 닻을 내리지 못하는 달은
허공에서 배 불룩하다
달빛에 걸려 서걱대는 나뭇잎 소리에
내 잠은 별로 떠서 흔들린다

동살이 오른 아침이 오면
방지턱에 걸렸던 만삭의 생각들이
발갛게 얼굴을 내밀고 있다

세상의 푸른 신호등 앞에서

내 안의 나

너에게 몰두 되어 있는 너
브레이크를 걸고 싶어졌어
스포트라이트가 눈을 비추듯
이유 있는 화살은 늘 너를 향하고 있었어
너의 건조한 입술 사이로
팽팽하게 부풀려서 나오는 언어
누군가에게는 화살이 되어 상처의 딱지를 남겼지
어느 날 알게 되었어
내 안에 달팽이처럼 웅크리고 있는
또 다른 내가 있다는 것을
감추는 크기만큼, 상처는 넓어지고
가면을 쓴 배우가 배역에 충실하듯
팽창된 자아는 열연을 한다는 것을
문득, 혼자 있을 때 마음이 이방인처럼 서성거리면
너의 몰두를 내려놔 보아
대지를 녹이는 가이아처럼

점과 점의 길

안개에 갇힌 새벽이다
휘파람 소리를 닮은 새벽이 새 벽에 갇혀
좀처럼 모습을 드러내지 않는다

콘크리트구조물 안에서
긴 목을 빼 홰를 치며 울어대는 닭은
시간을 잊은 듯 새벽과는 거리가 멀다

늘 성가시던 그 울음소리가
오늘은 왜 마음에 머무르는 것일까?

내가 태어나던 날
그 새벽은 재갈처럼 입에 문 무명천과
창호지 문틀에 달린 쇠 문고리와
곧추세운 산통의 발끝으로 열렸을 것이다
오 남매를 똑같은 방법으로 낳고
누구 하나 태어난 시를 정확히 알 수 없는
어머니만 알아차리는 12간지의 하나,
나를 낳고 난 후 아침밥을 지어 드셨다는
시계도 없던 그 시간
사주는 평생의 집 한 채 짓는 거라 했는데
내 사주 네 개의 기둥 중 하나는 늘 기울어져 있다

안개에 갇힌 시계가 인시의 끝자락을 향해 가고 있다
분명 그 옛날 내가 태어난 시간은
인시와 묘시의 불분명한 사이일 것이다

엄마가 나를 낳고 드셨다는 그 첫 끼 밥
내 운명을 좌우하던 그 한 끼 밥이
닭울음소리처럼 아득하다

몰입

오십에 꽃을 보았네

오십에 구름을 보았네

아침이 다가올수록

새소리가 커진다는 것도

그에게 취해버린 나는

언제나 을乙이었다

비행물체처럼

핸들보다 심장이 먼저 뛰는 날
좌회전 깜빡이를 켜고 우회전을 한다
문득, 궤도를 이탈하는 비행물체처럼 이방인이 되고 싶다
끝을 알 수 없는 낯선 거리의 풍경
두려움으로 밀려오는 단전까지 닿는 호흡
빠르고 거칠게 핸들이 돌아간다
세상에 혼자 남겨진 듯 잎사귀 하나 흔들린다
길 위로 터벅터벅 걸어가는 또 하나의 그림자를 만난다
젊은 날 나였다가 어제의 나였다가
내일의 내 모습일지도 모른다
흙탕물에 가라앉듯, 맹물에 밥알 삭히듯
마음 데일까 날려버린 열꽃들이
화인처럼 콕콕 내 옆구리에 박힌다

된소리

된소리에 된서리를 맞은 적 있나요
아무 생각 없이 자기 스타일 대로 말하면서
그것이 어찌 된소리냐고 되려 묻는다면
된서리 맞는 건 선택이라고 말하고 싶겠죠
말하는 대로 글자를 써 보면
된소리는 예사소리가 아닌 걸 알게 되지요
그래서 말에 리듬이 있다는 걸 알게 되는데요
아무리 지적해도 잠시 멈출 뿐 그대로네요
된소리와 거센소리는 톤이 비슷해 뒤끝이 매몰차요
입술로 풍선을 불 듯 부풀어 오르는 파열음은 늘 불안하지요
귀 필터는 마음 센서하고 연결되어 있나봐요
커피 향 속으로 살그머니 묻혀버리는 된소리의 탁한 음성이
어느 날은 오래된 LP판이 튀듯이 요란한 내 감정선을 흔들지요
나는 속사포로 공격을 해요
내 안에 차곡차곡 쌓인 된소리를 문장으로 연결하고
악樂으로 나열하지요
주어를 찾아 나서는 길은 참 쓸쓸하네요
된소리는 소리만 내겠다고 지키지 못할 약속을 오늘도 하네요
햇살이 저만큼 비켜서서
느물느물 웃고 있듯이

스타킹, 스토킹

질겨서 질리는 거야
웬만큼 당겨서는 끄떡도 안 해
스타킹과 스토킹은 한통속

벌금 십만 원은 껌값?
백만 원만 꿔 달라고 조르고 있어
달라는 말보다 더 속이 보이는 속셈
너도 알고 그도 아는 셈법이잖아

설탕 묻힌 네온 불빛, 꿀 바른 밤의 유혹
보물단지 버리고 금 간 애물단지 끌어안은
신의 벌이여

재촉하는 목소리 카톡~카톡
그래 백만 량 줄게
5년 이하, 3천만 원 벌금 낼 수 있냐?
감옥 갈래?
대답이 없다

코르셋을 벗어 던지다

체리 꼭지 모양으로 입꼬리 올리고
소용돌이 속에서 눈빛 가다듬고
달콤한 언어로 목표를 끌어 올리고

허세의 해독제 커피를 마시며
잃어버린 것, 잊어버린 것을 소환한다

경쟁의 병목을 지나온 애벌레
화려하고 축축하다
들판으로 나오며 체액은 마르고
애간장은 다 타 버렸다
몸집이 커갈수록 심장은 숯으로 변해가고
전두엽은 노이로제 방으로 내어준 지 오래다

하이힐의 뒤축과 화려한 날개는
언제나 반비례였다

어느 날 그 나비는
노라Nora처럼
동굴을 뛰쳐 나왔다

통장은 사실혼

신비주의 그런 거야

너만 알아야 하는 비밀인 거니

부부는 일심동체

비밀번호는 오리무중

낮말은 새가 듣고 전한다는 걸

넌 미처 몰랐지?

도시의 불꽃

도시는 살아남는 자들의
전설이 된다

불꽃 같은 젊은이들이
도시를 끌고 간다

태엽 풀린 목소리들은 안개처럼 사라지고
빛은 굴절의 각을 세운다

비상구 없는 불협화음의 도시
함성은 도시를 세우고 무너뜨린다

살아남은 자들의 불꽃은 어디인가
아이들이 가야 할 신기류 신천지는 어디인가

젊은이들의 횃불에
세상이 녹아 흐른다

반성

어제 너의 허물이

오늘의 내 허물이 되고

네 눈 속의 티끌이

내 눈 속 들보임을 알았을 때

오늘이라는 하루

신이 준 최고의 선물이었다

상극

쌀독에 동전을 던졌어
땅 따먹는 놀이 하듯
척추가 없어 늘 만만했던 너

오늘 이후

쌀벌레에 대한
나의 얕은 근심이 사라져 버리면
참 좋겠어

볕이거나 그늘이거나
쌀독에 자리 잡은 너는
하나의 미물인 것을

삶의 화두인 양
희다고 다 좋은 것이 아니고
검다고 다 검은 것이 아닌
똬리 틀고 전두엽에 자리 잡은
남편 애인을 닮았다고 떨떠름할 때

순도 백 프로 구리동전과의 동거는
서서히 죽어가는
냄새 없는 상극이다

이별의 방법

카푸치노 거품을 닮은 사람들은
극장가 유성페인트 광고처럼 튀고 싶어 하지요
백조의 옷을 입고 카페에 앉아 때론 시선을 유도해요
흘깃 곁눈으로 보는 세상이 어떤가요
만만한가요
습작처럼 써놓은 문구를 짜깁기하듯
시침질로 인생 앨범을 만들고 있네요
참 많이 닮았어요
기다리면 거품이 사라질까요
구름 속 달콤함에 익숙해진 입술들은
부드럽다고 환호하지요
카푸치노 매력의 팔 할은 거품에 있으니까요
빨리 빨아 먹는 건 어때요
후후 불어 멀리 썰물을 만들어 버리는 건요
끝까지 마시지 말아요
거품이 사라진 카푸치노는
식은 아메리카노 허공을 감돌아요
잠이 안 오나요
거품을 너무 많이 마셨군요

쉼표를 알다

커피가 식어 탕약이 되었다
비 내리는 창 너머 세상으로
해마 시냅스를 따라 걸어가는 한 사람
참 깊고 길다
내 젊은 날은
맨발로 얼음 위를 걷듯 살았다
살아야 하는 이유에 방점으로 새겨진 진한 마침표
살아보니 알겠다
살아야 하는 이유에는 쉼표가 더 순하다는 것을
식은 커피가 입안에 머물 때
다른 향기가 나듯

양면벽시계

너의 얼굴은 동전의 양면 같아
올려다보는 눈동자를 향해 너는 진실이라고 늘 말하고 있어
이중성인지 한쪽만 봐서는 알 수가 없어
그래서 너를 보는 사람들은 깜박 속아버리지
한쪽만 보고 너를 판단하는 사람은
너에게 속은 것을 얼마 지나지 않아 알 게 되지
화가 나지 않고 헛웃음만 나오는데 그 기분 참 묘해
참는 게 한계에 이르면 너의 내장을 해부하거나
버리고 싶은 충동에 한참을 갈등하기도 하지
저항하지 않으니 버리기에는 아쉽고 아깝다는 생각이 들지
몸통 하나에 두 얼굴의 너는 말하고 있어
나도 내가 왜 그런지 모르겠다고
버리면 그만인데 버리지 못하는 마음
나는 오늘도 동전의 뒤편에 서서
하얗게 방향을 잃은 채
너를 붙잡고 있지

적색 양심

이른 아침
옥수수를 지인에게 보내려고
우체국으로 가는 길
고속도로를 향한 진입로는 텅 비어 있다
마지막 삼복더위 열기 속에
활화산 같던 아스팔트의 광기도
밤새 가라앉지 않았다
좌회전 신호를 기다리는 액셀레이터
도로의 침묵은 적색의 양심을 눈감아주고 있다
집으로 돌아오는 길
신호감시기 앞에서
적색 땀방울을 닦고 있는 나

지천명

뜻은 하늘에 닿아 있고
마음도 하늘에 닿는다는데
나는 땅에 발붙인 짐승으로
심장도 얼어붙고
입술도 얼어붙어
내 안에 나를 가두고
아득히 하늘만
쳐다본다

半 달

그때에도, 그때에도

지금처럼 지금같이

이별이 행간을 초월하는

달빛이 된다는 걸 알았더라면

나 그대 손 놓지 않았으리

나 그대 손 달빛으로 빚었으리

등가론

저울에 올려봐
시소게임을 하든지
지켜봐도 한쪽으로 기울지 않네
남의 눈에 티는 어쩜 그렇게 잘 보여
자기 눈에 들보는 눈동자를 가릴 만큼 크고 단단한데
개거품을 뿜어내는 그 입술들 참 가관이야
하늘에 무서울 게 없다고?
그건 그 달콤한 입술들이 하는 거짓말인지 잘 알고 있어
서로 인정해 주면 안 되는 거야?
상대만 물고 늘어지면 이긴다고 생각하는 거야?
시원하게 인정해봐 아주 신사답게
마음이 어느 쪽으로도 쉽게 움직이지 않아
아주 엉뚱한 삼자에게 하트를 줄까 고민 중
어쩜 모두가 그런 마음 아닐까?
자, 자,
시간이 많이 없어
물귀신도 추운 겨울은 싫어해
물속으로 끌고 들어가려는 야비한 행동 이젠 멈춰 줘
지나간 어제는 그 자리에 두기로 해
마시멜로를 입에 문 것처럼
달콤한 거짓말로 오늘을 논하지 마
한 줄기 빛을 우리들의 주먹 안에 넣어줘 봐

주먹을 펴보는 순간 유리알 미소를 짓는 미래를 말이야
요이땅, 하고 우리들 앞에서 새로 시작해봐
푸르고 맑고 둥글게
거짓말 없이
진정 맑고 맑은 눈동자를 위하여

말의 힘

울림대를 통과하지 못한 단어를

나는 지배한다

들숨 속으로 가둬버린 벌건 단어를

나는 지배한다

그러나

기침처럼 튀어나온 말 한마디가

오래도록 나를 지배했다

내 안의 나, 자아 찾기의 순례

-반혜지의 시 세계-

이영춘 (시인)

1. 자아를 찾아가는 시의 길

반혜지 시인의 시를 읽으면서 문학이란 과연 무엇이며, 우리는 왜 시를 쓰는가? 또 써야 하는가? 라는 물음에 직면하게 된다. 조지 오웰은 "나는 왜 쓰는가?"에서 참으로 많은 이유를 제시했다. 그 중 가장 인상 깊은 것은 "내가 무엇을 하고 있는지 자각하고 싶어서"란 구절이 있다. 이 말은 곧 나는 누구이며 왜 살고 있는가?를 되돌아본다는 반성과도 같은 의미이다. 결국 이 반성은 존재의 이유, 존재의 의미, 존재의 철학적 진리까지 모두 함의된 말로 인식된다.

반혜지 시인의 모든 시는 그의 마음 밑바닥에 깊게 잠재되어 있는 인생, 인생이라는 큰 존재의 카테고리와 연결되어 있다. 존재란 무엇인가? 철학적이고 종교적인 의미인 존재Sein는 차치하고라도 반혜지의 현존재Dasein는 곧 '삶'을 의미한다. 반혜지 시인은 말한다. "시를 만나기 전까지 내 인생은 전투화로 무장된 삶이었다고. 시를 만나면서부터 '나我'를 찾고 '정서'를 찾기 시작했다고 말한다. '정서'란 무엇인가? 정서는 곧 사물에 부딪혀서 일어나는 희로애락의 온갖 감정이 아닌가! 이런 정서 속에서 반혜지는 시를 짓고 또 시를 찾아 노래한다. 그런데 그 인생이라는 존재는 누구에게나 즐거운 일보다 아픈 일과 슬픈 일들, 힘들었던 일들이 먼저 떠오른다. 그래서 미우라 아야꼬는 "문학은 상처의 나무에서 핀 꽃"이라고 하지 않았던가!

반혜지 시인은 또 이렇게 말한다. "내 시는 종교, 자연, 사물, 생활 등 그 어떤 것을 소재로 하여 쓴 시라도 종국에는 내면의 깊은 마음 웅덩이에 고였던 '나'라는 얼굴 모양새의 다른 이름일 뿐이더라"고. 여기서 마음이란 무엇인가? 불가의 경전에서는 이렇게 설명한다. "모든 법은 마음으로부터 유래한다. 모든 명칭 또한 마음의 다른 이름이다. 실로 모든 법이 마음으로부터 생겨나니 마음이야 말로 모든 법의 근본이다(一切法皆是心法 一切名皆是心名 萬法皆是從心生 心爲萬法之根本)." 인간을 아니, 마음을 움직이고 삶을 영위하게 하는 본체, 그 본체가 곧 '마음'이 아니겠는가! 인간은 마음이 있기 때문에 존재한다. 그러므로 반혜지 시의 '마음'이란 결국 어떤 시를 써도 인간의 문제, 존재의 문제에 닿아 있다는 것으로 해석된다. 그래서 그의 시는 결코 가볍지 않고 중후한 깊이를 함유한 문학적 가치를 지니고 있다. 문학은 곧 인생의 문제, 삶의 문제를 대변해 주는 얼굴이라고 하지 않는가.

2. 타자의 고행을 나의 아픔으로 승화

반혜지 시인의 깊은 마음웅덩이에 닿아 있는 종교성을 다룬 작품으로 「여승」과 「음성 공양」,「아미타불」, 「무소유」, 「목탁 그루브」란 작품이 있다. 「여승」은 화자persona가 생생하게 체험한 정서적 충돌에서 발화된 시로 큰 감동을 준다. 종교성을 바탕으로, 한 여성이 부처의 세계에 귀의하는 과정과 그리고 그 수양의 길, 고행의 길을 그려낸 시다. 작품부터 감상해 보자.

신들이 움직이는 시간이다

신들의 발자국으로 다져진 길 위의 길
그 발자취를 따라 도는 또 하나의 발자국
발자국 위로 떨어지는 눈물의 기도는 녹슨 참회다

신의 부름일까?
신의 선택일까?

보리수나무 허름한 절터에서 만난 그녀는 이미 언니라고 부르기에는 외경한 스님이 되어 있었다 그녀를 만나면 눈물이 쏟아질 것 같아 울지 않으리라 몇 날을 굳게 다짐하며 울컥한 마음을 헛기침으로 봉인

했다 그녀의 삭발한 머리, 승복 입은 모습, 속눈썹 끝에 매달려 있는 눈물방울을 보는 순간, 강둑이 터지듯 내 눈물보가 터져버렸다

왜 그랬냐고? 묻기도 전에 "언니는 괜찮으니까 울지 말라"고 등을 다독이는 그 손길이 멀기만 했다 나는 꺼이꺼이 울며 땅바닥에 주저앉았다

가난하던 시절 맏딸로 태어나 교복 한 벌조차 새것으로 입어보지 못하고 남의 것을 얻어 입으며 졸업한 언니, 그런 언니가 측은해 유독 맏딸에게 애정을 쏟았던 엄마, 하늘에 계신 엄마는 비구니가 된 딸을 어떻게 내려다보실까?

겨울 초입으로 들어선 선사는 내 아픈 마음처럼 낙엽이 지고 있었다

나는 거칠어진 언니의 손을 꼭 잡고 경내를 돌며 아무 말도 하지 않았다

행자승의 고단한 일상을 안 봐도 알 수 있는 손은 이미 다 터져 있었고

이따금 숨을 몰아쉬는 숨결에서 절 생활이 녹록지 않음을 짐작할 수 있었다

지상의 주재자가 걸어가신 길,

그 길을 걸으며 가는 눈물의 발자국

녹슨 쇠사슬 같은 업보의 흔적을
언니는 하나씩 씻어낼 것이다

잠들지 못하는 이 밤
나는 절의 풍경소리 같은 긴 그리움을 담아
언니의 산사에 음성공양을 올린다

–「여승」전문

긴 산문 형식의 시임에도 고요와 산사山寺의 적막이 숨가쁘게 느껴진다. 여승이 된 언니의 말 없는 침묵 때문일까? 아니면 '절'이라는 특별한 공간이 주는 분위기 때문일까? 이런 공간적 침묵은 많은 의미를 함의한다. 그 의미의 공간 침묵은 어디까지나 감상하는 독자의 몫이다. 그래서 좋은 시는 불입문자不立文字와도 같은 행간의 침묵을 우위에 둔다. 애련하고도 아린 '여승'이 된 언니의 모습이 한 폭의 그림처럼 잘 승화된 미학적 작품이다. 그러나 화자는 언니의 그 이면을 아프게 느끼고 있다. 특히 이 지상을 떠나 "하늘에 계신 엄마"와 "비구니가 되어 산속으로 떠난 언니"를 동일선상의 대상으로 하여 애련하게 묘사하고 있다. 같은 계열의 연계 선상에서 종교성을 다룬 작품「음성 공양」을 더 감상해 보자.

새벽 독경 소리 하늘에 닿는다
신들의 발자국 소리다
밤새 분주하던 산짐승도 예불 소리에 귀 열고
하늘에 닿을 듯한 나지막한 음성
신의 암호 풀어내며 새벽하늘을 연다
모래알도 자갈밭처럼 느껴졌을 그 고행의 길
골 깊은 산길에서
등 짐 지고 걸어가던 그녀의 가녀린 어깨
일주문을 지키는 신장처럼 단단해져 간다
소신공양하는 고독한 길
지상의 주재자가 걸어간 그 발자국 따라
그녀의 새벽 공양은 오늘도 귀를 연다

―「음성공양」전문

「음성 공양」은 불교교리로 네 개의 물건, 사물四物을 뜻한다. 즉 목어, 운판, 법고, 대종으로 반주를 하면서 범음梵音을 낭송하는 공양이다. 앞의 작품 「여승」에서의 그 주인공인 '여승'이 수도 생활을 하는 모습을 생생하게 그려낸 수작秀作이다. 마치 작자 자신이 체험한 듯 여승의 심리묘사까지 눈에 보이듯 은유와 상징으로 승화시켜내고 있다. "하늘에 닿을 듯한 나지막한 음성/신의 암호 풀어내며 새벽하늘을 여는" 공양으로 새벽을 열기도 하고 "모래알도 자갈밭처럼 느껴졌을 그 고행의 길"은 마침내 "일주문을 지키는 신장처럼 단단해져 간다"고 여승의 신앙심이 어떤 경지에 도달하였음을 암시한다. 매우 감동적인 작품이다. 그러나 어딘가 쓸쓸하고 처연하게만 느껴진다. 속인의 마음과 눈으로는 도달할 수 없는 신의 경지이기 때문일 것이리라.

3. 침묵 속에 내재된 언어의 힘

그러면 이젠 반혜지 시인의 종교적인 시 세계를 벗어나 일상적인 생활 속에서 찾아낸 소재를 다룬 시를 살펴보겠다. 장석주 시인은 어느 글 속에서 이렇게 말한 바 있다. "시는 거울이다. 거울은 현실의 다양한 상징체다. 인간의 내면에 축적된 경험, 균열 등의 집단적 무의식의 총체다."라고 정의한다. 이 정의는 반혜지의 시 뿐만 아니라 모든 시인들의 시에도 맞는 논리일 것이다. 그러나 굳이 이 말을 인용한 것은 반혜지의 시는 온통 그의 무의식의 총체처럼 그 내면 깊숙이 숨어 있던 '마음들'이 그의 거울 속에서 얼굴을 선명히 드러내고 있기 때문이다.

우기가 되면 어린 양들은 더 크게 울었습니다
엄마 양이 들판에서 울었던 그 모습입니다
눈물 마른 들판으로 습한 바람이 불어오면

새끼 양들은 자신의 상처를 핥듯
서로를 핥아주며 체온을 덥힙니다
생존을 터득한 어린양들은 그렇게
들판에서 커 갑니다
건기와 우기를 거치는 동안 여린 다리에는
근육이 자라나기 시작합니다
사방이 온통 경계의 눈빛으로 번뜩이고
어린양들의 호기심 세상이었던 들판은
살아남아야 할 굴레가 되었습니다
우기가 돌아와도 울지 못하는 양들은
자신의 상처를 스스로 핥으며 근육을 키워갑니다
이리가 들끓는 들판은 언제나
심판관 없는 링처럼 무법입니다
링 위에서 일어서는 두 다리의 힘은
양들이 살아갈 방패입니다

–「양들의 링」전문

「양들의 링」, 얼핏 보기엔 참으로 아름다운 시다. 그러나 그 어린 양들이 생존경쟁의 현장에서 살아남는, 살아남아야 할 인내심을 상징화한 시로 가슴 한 편을 찡–하게 울린다.

살기 위하여, 살아내기 위하여 "엄마 양이 들판에서 울었던 그 모습"처럼 "우기가 되면 어린 양들은 더 크게 울었습니다"라는 표현은 화자의 마음속에 잠재되어 있던 그 어떤 아픔이 소리 없이 흐르는 눈물처럼 오열을 동반하고 있다. 아마 두 아이를 혼자서 키워내는 어느 엄마의 '거울'에 비친 그 얼굴이 아닐까? 라는 여운이 진하게 감도는 시로 그 울림이 전율로 다가온다. 또한 이 시는 이 시대의 시대상相을 잘 반영한 시로도 평가받을 수 있다. 왜냐하면 오늘 우리 주위에는 한 부모 슬하에서 자라는 양들이 수없이 많기 때문이다. 그리고 이 시가 더욱 우월성을 띠는 것은 어린양들이 살아가는 모습이다. "새끼 양들은 자신의 상처를 핥듯/서로를 핥아주며 체온을 덥힙니다"와 같이 따뜻한 사랑을 동반하고 있어 교훈적으로도 시사示唆하는 바가 크다. 이와 같은 주제를 다룬 또 다른 작품을 감상해 보자.

갓 태어난 새끼고양이 집 주변을 맴돌며
목이 쉬도록 울고 있다
그 울음소리에 마음이 창가에 머문다
새끼고양이를 물끄러미 훔쳐보다가
스팸 한 조각을 던져준다
울음이 멈춘 그 자리에 가을 햇살이 구슬처럼 구른다
며칠 전 뉴스에서 본
주차장에 버려진 신생아의 울음소리가
어미 잃은 고양이 울음소리로 겹친다

그 울음소리 저 끝에
돌을 던지고 가는 사람들
그 누구인가

–「울음소리 깊다」 전문

창문 너머 운동장에 걸려 있는
빈 그네가 흔들린다
문득 지난날 그 자리에
홀로 그네에 앉아 있던 한 아이에게
마음이 머문다
재잘거리는 친구들과 어울리지 못한 채
어미 잃은 새처럼 고개 떨구고 있던 하얀 목덜미
엄마 잃은 그 영혼의 울음소리가
그네 위에 앉아 있다
두 아이의 모습이 오버랩 되는
교실 안 침묵과 바깥 그네의 침묵

창문 모서리에 깃든 그림자를 따라
자꾸 어두워지는 아이의 얼굴

–「그네 위의 그림자」 2연 3연

위 두 작품의 동일성은 모두 어미의 품을 잃은 홀로 된 아이들이다. 반혜지 시인은 유독 이렇게 작은 것, 부재인 것, 잃어버린 것들에 대한 애착과 애정을 갖고 있는 시가 많다. 어진 마음에서 일어나는 측은지심의 발로일 것이다. 따뜻한 인간애를 지닌 성정이라 명명하여도 무방하리라. 「울음소리 깊다」는 동물인 고양이새끼가 어미의 품을 잃고 홀로 들판을 헤매는 모습을 그려낸 애련지심의 성정이다. 따뜻한 인간미에 공감하게 된다. 「그네 위의 그림자」, 역시 엄마 없는 어린 학생을 보고 가슴이 아파 동화된 발화의 산물이다. 참善시인은 이렇게 작은 것들에게, 없는 자들에게 따뜻한 마음과 손길을 내밀어 그들에게 새 옷을 입혀주듯 새 생명을 불어넣는 사람이다. 「어미 새」란 시와 「다른 한 짝」이란 시에서도 그 시적 대상은 외롭고 쓸쓸한 열외의 인물들이다.

세발까마귀/어미 새 내려다본다

공포로 축 처진 깃털/외줄 위에서 떨고 있는 발목
먹이를 입에 문 새/날개를 푸르르 떤다

부리 속 먹이는 탈출을 시도한다/먹고 먹히는 야생의 굴레 속에서
새끼를 기다리는 모정의 긴 기다림

외줄에서 먼 산 바라보며/말이 없는 어미 새

하늘길 구름 사이로/빛기둥 하나 높이 솟는다

-「어미 새」전문

「어미 새」, 제목만으로도 그 메타포가 무엇을 의미하는지 예감할 수 있다. "세발까마귀/어미 새"가 그윽하게 자기 '새끼'를 "내려다보는" 이미지가 한 폭의 그림처럼 떠오른다.

마치 우리네 어머니들이 밥그릇을 들고 자식들을 그윽하게 바라다보듯이 "먹이를 입에 문 어미 새"가 "새끼를 기다리는 모정의 긴 기다림"이 오버랩 된다. 절대적 사랑의 극치를 보여주는 시다. 이렇게 반혜지 시인은 가녀린 것들에게 사랑을 부여하고 생명을 불어넣어 새로운 상상력을 유발하는 미학적 시 세계를 창출해 낸다. 또 하나의 특징은 반혜지의 모든 시 속에 등장하는 대상들은 말이 없다. 오로지 분위기와 공간적 배경을 제시해 놓은 그 속에 침묵 같은 정적이 감돌게 하는 그런 경지로 언어를 끌고 나가는 힘이 있다. 행간 침묵, 침묵 속의 언어, 이런 것이 진정한 시적 경지가 아니겠는가! 예를 든 시의 대부분이 그런 특성을 함유하고 있음을 간과할 수 없다.

혼자 밥을 먹는 사람,/혼자 잠을 자는 사람,/혼자 걸어가는 사람,

햇살이 버리고 간 그림자 뒤에/달팽이처럼 웅크리고 있는 사람,

그는 늘 혼자다/그가 신었던 끈 떨어진/슬리퍼도 혼자다

슬리퍼 위로 눕는 마름 몸, 마른 바람,/마른하늘이 갈잎으로 운다

그의 신발 발자국처럼 일렁이는 등 뒤에서/상처가 흔들린다

햇살도 그늘진 땅에서 그의 등 뒤에 머물고

늦가을 풀잎으로 떨고 있는 그의 발등에/바람처럼 날아온 구두 한 짝

그의 상처 난 발은 날개 단 꽃잎처럼

루카 511* 잔디밭을 날고 있다

* 강남 소재 카페

–「다른 한 짝」 전문

「다른 한 짝」은 현대인들의 자화상과도 같은 심상이 암시된다. "혼자 밥을 먹는 사람,/혼자 잠을 자는 사람,/혼자 걸어가는 사람," 온통 '혼자'의 세상이다. 오죽하면 '혼밥'이란 신조어까지 등장했겠는가! 그래서 현대인들은 삭막하고 고독하다. 이 고독함 속에서 견뎌내는 것이 현대인들이다. 그런데 이 시에서는 혼자를 뛰어 넘은 '다른 한 짝'이 등장한다. "늦가을 풀잎으로 떨고 있는 그의 발등에/바람처럼 날아온 구두 한 짝"이다. "그의 상처 난 발은 날개 단 꽃잎처럼" 날아오를 수 있는 다른 한 짝인 것이다. 여기서 '다른 한 짝'은 무엇을 의미하는지 그 암시와 여운은 독자들의 상상의 몫으로 남겨 두는 것이 좋을 것 같다.

4.마침표를 찍었던 언어

반혜지 시인의 「마침표를 찍었던 내 언어」들은 어떤 언어인지를 따라가 보아야겠다. 사실 반혜지의 시에는 '마침표'를 의미하는 시가 많다. 「계단 묘지」, 「멈춘 시계」, 「수목장」, 「산 새」,「발인」, 「젊은 초상화」, 「빨간 자전거」,「바람결에 잠시 앉았다 가는」 등의 작품은 모두 죽음, 이별, 단절, 부재, 등의 의문부호 같은 '마침표'의 상징이다. '마침표'란 무엇인가? 인간사에서는 '종착역' 같은 '마지막'으로 귀결되는 단어가 아니겠는가. 사실 시에서 '마침표'는 '물음표'와 동일하게 많은 의미를 함의하고 있는 단어다. 반혜지 시에 나타난 그 '마침표'는 대부분 가족과 친지의 마지막 가신 길, 죽음과 이별의 상징으로 나타난다. 이렇게 반혜지의 '마침표'는 우리 인생에서 삶의 곡선과도 같이 많은 뜻을 가진 단어로 표현되고 있다.

굳어가는 시멘트보다 더 빠르게/아버지의 허리도 굳어가기 시작했다/

어머니를 부르는 신음소리 같은 목소리가/점점 절규로 들려왔다/

평생 노동으로 닳아서 그런 것이라고/입바른 소리를 내뱉었던 내 입술/

치료 방법이 없는 듯 마침표를 찍었던 내 언어

－「마침표를 찍었던 내 언어」 3연

팔봉이 훤히 보이는 햇살이 누워 있는 산
아름드리 소나무는 아버지 집 뜨락에
덩그러니 서 있다//

한 움큼밖에 안 되는 성신을 지지대로 깔고
담배 한 모금 길게 뿜어내시며
막내딸이 언제 오려나 기다리고 계신다//
생전에도 그러셨듯이 훠이훠이 바람과 함께
이 산 저 산을 나비처럼 날아다니실 아버지
나비는 꽃향기를 따라 귀에 익은
슬픈 통소를 불기 시작한다//
내 귓바퀴를 울리는 그 소리에 어린 날 내가 울었듯
이
산속의 새들도 나뭇잎에 얼굴을 묻고 운다//
아버지의 집, 그 집
아름드리 소나무에는
1930년생, 십이월 오일 사망, 이란 팻말이
바람에 귀를 세우고 울고 있다

–「수목장」 전문

위의 두 편의 시는 모두 돌아가신 아버지를 소재로 한 시다.「마침표를 찍었던 내 언어」는 아버지가 살아 계실 때 몸이 아프신 아버지에게 "평생 노동으로 닳아서 그런 것이라고/입바른 소리를 내뱉었던 내 입술."그 마침표 같이 매몰차게 했던 말을 후회한다. 그 "아버지는 미장공이었다"고 2연 첫 행에서 밝히고 있다. 그런 아버지에게 모진 말을 내뱉었던 철없는 딸, 그 딸의 회한이 아픔으로 출렁인다. "지금은 언어의 껍질만 남은 입술로/눈 시린 유리창마다 그리움의 이름을 쓰고 있다/마른 입술 위로 뚝뚝 듣는 눈물/가을 잎새가 아버지의 등 휜 거풀 같아서/자꾸 눈물이 난다"(「마침표를 찍었던 내 언어」4연)고 고백하듯 후회한다.

「수목장」은 아버지의 영혼이 묻힌 산을 바라보면서 아버지를 회상하고 그리워하는 심상이다.

"막내딸이 언제 오려나 기다리고 계시기"도 하고 "생전에도 그러셨듯이 훠이훠이 바람과 함께/이 산 저 산을 나비처럼 날아다니실 아버지"를 상상하며 그리워한다. 시는 상상력의 산물임을 방증하듯 이 시는 아버지에 대한 추억을 바탕으로 많은 상상력을 동원한 시로 수작秀作이다. 그리고 끝 연에서 아버지의 인적사항을 구체적으로 명기한 것은 현장감, 현실감 있게 표현하려는 예지였을 것이다. 리얼리티를 살려낸 시로 그 현장에 가 보고 싶은 충동의 여지를 남기는 시다.

> 바다를 보면서 엄마를 생각한다/오십을 채 넘기지 못하고 떠난 엄마
>
> 살고 싶다고, 살려달라고 애원했듯이/겨울 바다가 내 심장을 파고든다

엄마, 엄마, 중얼거리는 내 숨소리가/파도에 밀려간다
엄마를 부를 때면 왜? 하시던/생전, 그 의문부호도 들리지 않는다
내 귓전엔 파도 소리만 철썩거리고

눈물로 번져오는 파고 사이로/부챗살 같은 엄마의 얼굴
까만 갈매기 떼로 부서져 내린다

―「바닷가에서」전문

비가 오는 날이면
어린 날 눈물로 축축했던 심장의 세포 속에는
항아리의 내력을 기억하듯
갈증처럼 어른거리는 마시멜로 속에서
자꾸 어머니가 살아나요

―「비 오는 날」 끝연

위의 두 편의 서정시는 가슴을 찡하게 울린다. 프리드리

히 니체는 “서정시인들의 형상들은 바로 그 자신이며, 자신의 다양한 객관화에 지나지 않는다.”고 하였다. 반혜지의 이 서정시는 자신의 감정에서 출발하여 “갈증처럼 어른거리는 마시멜로 속에서/자꾸 어머니가 살아나요“라는 표현과 같이 자신의 정서를 객관적으로 잘 승화시켜내고 있다. 「산 새」라는 시에서는 또 이렇게 노래한다.

들꽃을 한 아름 샀다/그녀에게 가려고

선산에 풀꽃처럼 누워 있는 그녀/내게 무슨 말을 하려는 듯
입술 같은 풀꽃들이 파르르 떤다

걱정 말아요/당신의 딸은 잘 지내고 있어요

산 새 울음소리가 봉분을 흔들며 간다

–「산 새」 전문

「산 새」 역시 서정시의 특성을 잘 살려낸 시다. 이 세상을 떠난 한 여성을 ‘산 새’로 상징화 하였다. 시적 기법도 뛰어나고 시의 어조와 음조의 조화로 산 속에 잠든 한 영혼의 숨

소리가 들리는 듯 감각적으로 다가오는 작품이다. 내용으로 보아 그 여성은 이 세상에 딸아이를 홀로 두고 떠난 어떤 대상을 암시한 작품으로 그 "울음소리가 봉분을 흔들며 가듯" 감동적 여운을 남긴다.

5. 과속 방지턱을 넘어 내 안의 나를 찾아가는 길

과속 방지턱에 생각이 서 있다

화려하게 정지된 언어/야생마의 조련된 듯한 기술적 몸짓/
유통 기한 없는 기억들

밤이면 닻을 내리지 못하는 달은/허공에서 배 불룩하다/
달빛에 걸려 서걱대는 나뭇잎 소리에/내 잠은 별로 떠서 흔들린다

동살이 오른 아침이 오면/방지턱에 걸렸던 만삭의 생각들이/
발갛게 얼굴을 내밀고 있다

세상의 푸른 신호등 앞에서

—「과속 방지턱」전문

인생살이에는 '방지턱'이 너무 많다. 「과속 방지턱」은 인생살이에서 부딪히는 각종 '장애물'을 은유한 시다. 이런 은유적 수사법을 씀으로써 "시는 살갗이다." 그러므로 "내가 제외된 이미지는 모두 잔인하다."고 한 롤랑 바르트의 말이 실감난다. 바로 이런 이미지와 상징성을 잘 살려낸 시가 반혜지의 '과속 방지턱'이다. 이 시에서 '방지턱'은 관념적인 생각이나 언어가 방지턱에 걸리듯 떠오르지 않을 때가 많다는 것을 암시하고 있다. 그렇다. 시를 창작하는 시인에게 생각이나 직관이 떠오르지 않으면 도저히 진전할 수가 없다. 시인은 다상량多商量과 직관intuition에서 발화되는 상상력으로 시를 창조한다. 이 시의 주제Thema인 '생각' 혹은 '사유'는 역설적으로 '방지턱'에 걸린 것이 아니라 "유통 기한 없는 기억들"이고 "방지턱에 걸렸던 만삭의 생각들이/발갛게 얼굴을 내밀고" 원고지 칸을 채워 가는 이미지가 환하게 길을 연다는 상상력의 역동적 발상의 시다. 좋은 시 한 편은 좋은 한 권의 책과 같다는 말이 딱 어울리는 산물이다.

핸들보다 심장이 먼저 뛰는 날

좌회전 깜빡이를 켜고 우회전을 한다
(중략)
세상에 혼자 남겨진 듯 잎사귀 하나 흔들린다
길 위로 터벅터벅 걸어가는 또 하나의 그림자를 만난다
(중략)

—「비행물체처럼」부분

너에게 몰두 되어 있는 너
브레이크를 걸고 싶어졌어
스포트라이트가 눈울 비추듯
이유 있는 화살은 늘 너를 향하고 있었어
너의 건조한 입술 사이로
팽팽하게 부풀려서 나오는 언어
누군가에게는 화살이 되어 상처의 딱지를 남겼지
어느 날 알게 되었어
내 안에 달팽이처럼 웅크리고 있는
또 다른 내가 있다는 것을
감추는 크기만큼 상처는 넓어지고
가면을 쓴 배우가 배역에 충실하듯
팽창된 자아는 열연을 한다는 것을
문득, 혼자 있을 때 마음이 이방인처럼 서성거리면

너의 몰두를 내려놔 보아
대지를 녹이는 가이아처럼

–「내 안의 나」전문

제목에서 암시하는 대로 이 두 편의 시는 '자아'를 찾아가는 사유의 정신작용이다. 운전 중 깜빡 다른 생각으로 "좌회전 깜빡이를 켜고 우회전을 한다" 이 우회전은 순간 자아를 잊고 다른 생각에 몰두되는 상황의 대유代喩이다. 그리고 "문득, 궤도를 이탈하는 비행물체처럼 이방인이 되고 싶다"고 고백한다. 이 이방인은 현실에 매여 사는 화자인 '자아'의 다른 이름이다.

이 '자아'는 "세상에 혼자 남겨진 듯 잎사귀 하나 흔들리듯" "길 위로 터벅터벅 걸어가는 또 하나의 그림자를 만난다" 이 그림자는 화자의 또 다른 자아! 바로 '나我'다.

반혜지 시인은 이렇게 결코 가볍지 않은, 가벼울 수 없는 존재의 문제, 존재의 가치를 천착하려고 부단히 사유하는 시인으로 인식된다. 서두에서도 제시한 바, 나는 왜 살아야 하는가? 어떻게 살아야 하는가? 시를 왜 써야 하는가? 등의 철학적이고 실존적인 문제를 시 속에 제시하고 사유한다. 그래서 그의 시는 중후한 우월성을 띠고 있다.

카프카는 그의 '유고' 아포리즘에서 이렇게 쓰고 있다. "존재한다는 것은 거기에 존재한다는 것과 동시에 거기에

속한다."는 것이다. '거기'는 어디인가? 바로 우리가 살고 있는 이 세상. 세계 속에 소속되는 존재Dasein를 의미하는 것이 아니겠는가. 이런 관점에서 반혜지 시인은 현재의 생활 속에서, 시의 세계 속에서, 부단히 자아를 찾으려고 탐구하는 시인이라고 명명해도 좋겠다. 앞으로 그 세계 속에서 훌륭한 시를 창작하고 궁구하여 더 좋은 시와 시인으로 거듭나기를 기원하면서 첫 시집 발간을 축하드린다.

시현실 시인선 020

양들의 링

초판 1쇄 발행 | 2024년 10월 12일

지은이 | 반혜지
발행인 | 원탁희
발행처 | 도서출판 예맥
등록번호 | 서울 바 02915
등록일 | 1999년 5월 21일

주소 07581 서울특별시 강서구 강서로 68길 36 상가 206호
전화 02 · 2658 · 6465
E-mail ymbook@naver.com

10,000원
ISBN 978-89-91411-69-2 03810

"이 책은 강원특별자치도, 강원문화재단 후원으로 발간되었습니다."